BEI GRIN MACHT SICH IHR WISSEN BEZAHLT

- Wir veröffentlichen Ihre Hausarbeit, Bachelor- und Masterarbeit

- Ihr eigenes eBook und Buch - weltweit in allen wichtigen Shops

- Verdienen Sie an jedem Verkauf

Jetzt bei www.GRIN.com hochladen und kostenlos publizieren

Bibliografische Information der Deutschen Nationalbibliothek:

Die Deutsche Bibliothek verzeichnet diese Publikation in der Deutschen Nationalbibliografie; detaillierte bibliografische Daten sind im Internet über http://dnb.d-nb.de/ abrufbar.

Dieses Werk sowie alle darin enthaltenen einzelnen Beiträge und Abbildungen sind urheberrechtlich geschützt. Jede Verwertung, die nicht ausdrücklich vom Urheberrechtsschutz zugelassen ist, bedarf der vorherigen Zustimmung des Verlages. Das gilt insbesondere für Vervielfältigungen, Bearbeitungen, Übersetzungen, Mikroverfilmungen, Auswertungen durch Datenbanken und für die Einspeicherung und Verarbeitung in elektronische Systeme. Alle Rechte, auch die des auszugsweisen Nachdrucks, der fotomechanischen Wiedergabe (einschließlich Mikrokopie) sowie der Auswertung durch Datenbanken oder ähnliche Einrichtungen, vorbehalten.

Impressum:

Copyright © 2017 GRIN Verlag
Druck und Bindung: Books on Demand GmbH, Norderstedt Germany
ISBN: 9783668912601

Dieses Buch bei GRIN:

https://www.grin.com/document/457440

Vanessa Sattel

Trainingslehre 1. Trainingsplanerstellung anhand der ILB-Methode, Meso- und Makrozyklusplanung

GRIN Verlag

GRIN - Your knowledge has value

Der GRIN Verlag publiziert seit 1998 wissenschaftliche Arbeiten von Studenten, Hochschullehrern und anderen Akademikern als eBook und gedrucktes Buch. Die Verlagswebsite www.grin.com ist die ideale Plattform zur Veröffentlichung von Hausarbeiten, Abschlussarbeiten, wissenschaftlichen Aufsätzen, Dissertationen und Fachbüchern.

Besuchen Sie uns im Internet:

http://www.grin.com/

http://www.facebook.com/grincom

http://www.twitter.com/grin_com

Deutsche Hochschule für
Prävention und Gesundheitsmanagement
Hermann Neuberger Sportschule 3
66123 Saarbrücken

Einsendeaufgabe

Fachmodul: Trainingslehre I

Studiengang: Fitnessökonomie (BFÖ)

Inhaltsverzeichnis

1	**TEILAUFGABE 1 – DIAGNOSE**	**3**
1.1	Allgemeine und biometrische Daten	3
1.2	Krafttestung	4
2	**TEILAUFGABE 2 – ZIELSETZUNG/PROGNOSE**	**6**
3	**TEILAUFGABE 3 – TRAININGSPLANUNG MAKROZYKLUS**	**6**
4	**TEILAUFGABE 4 – TRAININGSPLANUNG MESOZYKLUS**	**8**
5	**TEILAUFGABE 5 – LITERATURRECHERCHE**	**11**
6	**LITERATURVERZEICHNIS**	**14**
7	**TABELLENVERZEICHNIS**	**15**

1 Teilaufgabe 1 – Diagnose

1.1 Allgemeine und biometrische Daten

Tab. 1: Allgemeine und biometrische Daten

	Daten	Bewertung
Alter	21	
Geschlecht	weiblich	
Körpergröße	1,67cm	
Körpergewicht	71kg	
BMI	25,5	Der BMI liegt im Bereich des Übergewichts (vgl. Tabelle 2).
Körperfettanteil in %	27%	
Trainingsmotive	Gewichtsreduktion	
Berufliche Tätigkeit	Studentin	
Aktuelle und frühere sportliche Tätigkeit	6 Monate Fitnesstraining,	
Zeitlicher Verfügungsrahmen	90min. 3x/Woche	
Blutdruck	125/82mmHg	Sowohl der systolische als auch der diastolische Blutdruck befinden sich im Normalbereich (vgl. Tabelle 3).
Orthopädische /internistische Probleme	Keine	Es liegen keine gesundheitlichen Einschränkungen vor, welche man bei der Trainingsplanung beachten müsste.
Ärztliche Behandlung	Keine	
Medikamente	Keine	

Tab. 2: BMI Klassifikationen (modifiziert nach World Health Organization, 2000, S.9)

Klassifikation	BMI
Untergewicht	<18,5
Normalgewicht	18,5-24,9
Präadipositas	25-29,9
Adipositas Grad 1	30-34,9
Adipositas Grad 2	35-39,9
Adipositas Grad 3	≥40

Tab. 3: Blutdruckklassifikation der American Heart Association (modifiziert nach Mancia et al., 2013, S. 1286)

Bewertungsstufen	Systolischer Blutdruck	Diastolischer Blutdruck
Normblutdruck (Normotonie)		
Optimal	Unter 120mmHg	Unter 80mmHg
Normal	Unter 130mmHg	Unter 85mmHg
Hochnormal	130-139mmHg	85-89mmHg
Bluthochdruck (aterielle Hypertonie)		
Stufe 1	140-159mmHg	90-99mmHg
Stufe 2	160-179mmHg	100-109mmHg
Stufe 3	> 180mmHg	> 110mmHg

1.2 Krafttestung

Tab. 4: Krafttestung nach der X-RM Methode

	X-RM Methode			
	WH	1. Testsatz	2. Testsatz	3. Testsatz
Beinpresse	20	30kg	40kg	50kg
Beinbeuger (liegend)	20	10kg	12,5kg	15kg
Latzug	20	15kg	20kg	25kg
Schulterpresse	20	12,5kg	15kg	17,5kg
Rudermaschine	20	15kg	17,5kg	20kg
Brustpresse	20	10kg	12,5kg	15kg

- Es wurde ein Mehrwiederholungskrafttest (X-RM Test) gewählt, da man hierbei das ideale Trainingsgewicht für das gewählte Trainingsziel ermitteln kann. Außerdem wird bei der Individuellen-Leistungsbild-Methode, welche auf dem X-RM Test basiert, ein Bereich der Trainingsintensität für jeden Leistungszustand angegeben. Diese Intensität wird innerhalb des Mesozyklus Woche für Woche gesteigert, bis man das Maximum für seine Leistungsstufe erreicht hat. Somit wird hier zum Einen die progressive Belastungssteigerung gesichert und zum Anderen entsteht durch die submaximalen Intensitäten kein zu stark überschwelliger Belastungsreiz, welcher sich negativ auf die Leistungsfähigkeit auswirken kann.

- Im ersten Schritt dieser Methode stellt der Trainer einen Trainingsplan zusammen. Das trainingsspezifische Ziel und die daraus folgende Wiederholungszahl wird festgelegt mit welcher letztendlich der Test durchgeführt wird. In diesem Fall ist das Trainingsziel für den ersten Mesozyklus die Kraftausdauer, resultierend daraus wurde die Wiederholungszahl von 20 Wiederholungen gewählt.

  Der zweite Schritt beginnt mit der Vorbereitung auf die Übungsdurchführung. Die Probandin aktiviert zuerst ihr Herz-Kreislauf-System, indem sie sich auf einem Cardio-Gerät ihrer Wahl 10-15 Minuten aufwärmt. Anschließend werden Warm-Up Sätze der entsprechenden Übung durchgeführt, um auch die beteiligten Muskelgruppen und Gelenkstrukturen auf die folgende Belastung vorzubereiten. Nach dem allgemeinen und speziellen Aufwärmen wird der erste Testsatz mit der entsprechenden Wiederholungszahl absolviert. Das Testgewicht wurde ermittelt, wenn die zehnte Wiederholung gerade noch konzentrisch mit korrekter Technik vollzogen werden kann. Maximal werden drei Testsätze durchgeführt um eine übermäßige Ermüdung der Muskeln zu vermeiden.

- Die Möglichkeit des interindividuellen Leistungsvergleichs ist bei dem Mehrwiederholungskrafttest nicht gegeben, da hier sehr viele Einflussfaktoren bzw. Störgrößen einwirken können. Somit existieren auch keine allgemeingültigen Norm- oder Referenzwerte.

  Jedoch kann man diese Krafttestungsmethode für den intraindividuellen Leistungsvergleich nutzen, wenn man auf eine hohe Standardisierung der Testbedingungen achtet, da beispielsweise beim gleichen Test zu verschiedenen Tageszeiten keine vergleichbaren Ergebnisse erzielt werden können.

  Als Grundlage für die weitere Trainingsplanung dienen die im Test ermittelten Gewichte. Nach jedem Mesozyklus wird ein neuer Test mit angepasster Wiederholungszahl durchgeführt und somit ein neues Gewicht ermittelt. Die Intensität jedoch bleibt gleich, da diese von dem Trainingsalter der Probandin abhängig ist. Aufgrund ihrer Leistungsstufe trainiert die Probandin, in diesem Fall, immer mit einer Intensität von 60-80%.

2 Teilaufgabe 2 – Zielsetzung/Prognose

Tab. 5: Zielsetzung

Ziel	Ausmaß	Zeit	Begründung
Gewichtsreduktion	2kg	8 Wochen	Aus ästhetischen Gründen ist eine Gewichtsreduktion um 2kg gewünscht.
Senkung des BMI	Auf 23	6 Wochen	Senkung des BMI in Normalbereich.
Senkung des Körperfettanteils	Um 2%	6 Wochen	Die gewünschte Gewichtsreduktion soll den Körperfettanteil auf 25% senken lassen.

3 Teilaufgabe 3 – Trainingsplanung Makrozyklus

Tab. 6: Makrozyklusplanung

	Mesozyklus 1		Mesozyklus 2		Mesozyklus 3		Mesozyklus 4
Zyklusdauer	6 Wochen		6 Wochen		6 Wochen		6 Wochen
Trainingsziel	Kraftausdauer		Hypertrophie (extensiv)		Hypertrophie (intensiv)		Maximalkraft (extensiv)
Einheiten/ Woche	3		3		3		3
Organisation	GK/Stationen		GK/Stationen		GK/Supersätze		GK/Stationen
Übungen/ Muskel	1-2	ILB-Test	1-2	ILB-Test	1-2	ILB-Test	1-2
Sätze/ Übung	2		2		2		2
Satzpausen	60 Sek.		90 Sek.		90 Sek.		120 Sek.
Wiederholungen	20		15		10		5
Intensität	60-80% ILB		60-80% ILB		60-80% ILB		60-80% ILB

- Laut dem Grobraster der Individuellen-Leistungsbild-Methode kann man die Probandin bezüglich ihres Trainingsalters der Kategorie „Geübter" zuordnen, weshalb sich eine Blockperiodisierung empfiehlt (Strack & Eifler, 2005, S. 153). Hierbei sinkt mit steigender Intensität die Wiederholungszahl und die Probandin kann sich langsam an die Intensitätssteigerung gewöhnen.

Das Hauptziel der Probandin ist der Gewichtsverlust, welchen man durch ein Kaloriendefizit erreicht. Der Fokus des Makrozyklus wurde deshalb auf das Hypertrophietraining gelegt, denn mit steigender Muskelmasse steigert man auch seinen Grundumsatz, wodurch es leichter fällt ein Kaloriendefizit zu halten (da Mota, Orsatti, da Costa & Marôcolo Júnior, 2010, S. 339).

Um eine gute Basis für die folgenden Mesozyklen zu schaffen, beginnt die Probandin mit einem umfangorientiertem Kraftausdauertraining. Dabei wird zwar nur ein geringer Teil an Muskeln aufgebaut, jedoch bringt diese Trainingsmethode, neben einer verbesserten Kraftausdauer, noch andere Vorteile mit sich. Zum Einen verbessert sich die Enzymaktivität und die Kapillarisierung der Muskulatur was für eine bessere Versorgung der Muskeln sorgt. Zum Anderen werden die funktionale Haltung und die Stabilität der Gelenke unter dauerhafter Belastung trainiert, was die Grundlage für das weiterführende Krafttraining bildet (Güllich & Schmidtbleicher, 1999, S.232).

Da die Probandin bereits im Vorhinein schon sechs Monate regelmäßig im Fitnessstudio trainiert hat, entfällt an dieser Stelle das Übergangstraining und es folgt der erste intensitätsorientierte Trainingszyklus, welcher bei der klassischen Blockperiodisierung mit einem extensiven Hypertrophietraining beginnt. Dadurch werden, wie bereits erwähnt, zu große „Sprünge" zwischen den Intensitäten und damit eine Überforderung verhindert. Auch beim nächsten Mesozyklus trainiert die Probandin mit dem trainingsspezifischen Ziel des Muskelaufbaus, diesmal jedoch im intensiven Bereich. Bei dieser Trainingsmethode kann die Probandin nicht nur Muskeln aufbauen, sondern sie steigert dadurch auch die Belastbarkeit ihrer Bindegewebsstrukturen, was gleichzeitig auch zu einer verbesserten Alltagsbelastbarkeit führt (Güllich & Schmidtbleicher, S.227). Um das Prinzip der Periodisierung und Zyklisierung zu erfüllen wird im letzten Mesozyklus auf Maximalkraft trainiert, wodurch die Probandin in ihrem Makrozyklus verschiedene Trainingsmethoden durchlaufen ist und von den jeweiligen Vorteilen profitieren kann. Durch das Maximalkrafttraining kann, laut Güllich und Schmidtbleicher (S. 224), der Aktivierungsgrad der Muskeln bei Untrainierten um 25% gesteigert werden, wodurch sich die intramuskuläre Koordination verbessert und somit auch eine Kraftsteigerung festzustellen ist.

- Der zeitliche Verfügungsrahmen der Probandin liegt bei drei Trainingseinheiten pro Woche, weshalb sich in jedem Mesozyklus ein Ganzkörpertraining anbietet.

Hierbei werden alle Hauptmuskelgruppen trainiert, weshalb ein bis zwei Übungen pro Muskel vollkommen ausreichend sind.

Im ersten, zweiten und letzten Mesozyklus ist das Training als Stationentraining aufgebaut. Dadurch, dass man den Muskel mehrere Male hintereinander belastet kommt es hierbei zu einer stärkeren Muskelermüdung. Der dritte Mesozyklus besteht aus einem Supersatztraining, wodurch ein zusätzlich neuer Reiz gesetzt werden kann. Zudem spart sie durch den Wechsel zwischen zwei Übungen Zeit und kann so beispielsweise noch eine Cardioeinheit nach ihrem Training absolvieren, welche zusätzlich den Gewichtsverlust fördern würde.

Bei der Individuellen-Leistungsbild-Methode ist sowohl die Satzanzahl, als auch die Intensität von der Leistungsstufe des Probanden abhängig. Durch die Leistungsstufe „Geübter" ergibt sich die Satzanzahl von zwei Sätzen pro Übung und die Intensität von 60-80% ILB (Strack & Eifler, S. 153). Da man nach dem Prinzip der progressiven Leistungssteigerung die Trainingsbelastung an das Leistungsniveau anpassen sollte, um einen optimalen Trainingsreiz zu setzen, wird diese nach jedem Mesozyklus mit einem neuen ILB-Test mit der jeweils trainingsspezifischen Wiederholungszahl neu bestimmt.

4 Teilaufgabe 4 – Trainingsplanung Mesozyklus

Tab. 7: Mesozyklus 2

	Mesozyklus 2: Hypertrophie (extensiv)					
	Woche 1	Woche 2	Woche 3	Woche 4	Woche 5	Woche 6
Intensität	60%	60%	70%	70%	80%	80%
Einheiten/Woche	3					
Organisation	GK/Stationen					
Übungen/Muskel	1-2					
Sätze/Übung	2					
Wiederholungen	15					
Satzpausen	90 Sek.					
Bewegungstempo	2-0-2					
Übungen	<ul><li>Ausfallschritte, mit Kurzhanteln (15 Wiederholungen pro Bein)</li><li>Beinbeuger, liegend</li><li>Bankdrücken, schräg mit Kurzhanteln</li></ul>					

Übungen	Mesozyklus 2: Hypertrophie (extensiv)
	• Latzug, vertikal zum Nacken • Schulterpresse • Rudermaschine, horizontal • Rückenstrecker • Gerader Crunch, mit Kurzhanteln auf der Matte

Für den zweiten Mesozyklus mit dem Ziel der extensiven Hypertrophie wurde ein Ganzkörperplan mit Übungen an geführten Maschinen, als auch mit freien Übungen gewählt. Die Probandin trainierte vor der Trainingsplanung schon regelmäßig dreimal die Woche im Fitnessstudio und hat ihren ersten Mesozyklus schon hinter sich. Der Großteil der Übungen wird zwar immer noch an Geräten ausgeführt, jedoch kann man mit ihrer Trainingserfahrung auch langsam freie Übungen in den Plan integrieren. Die Maschinen geben der Probandin Sicherheit bei der Übungsausführung, da sich hier durch die geführte Bewegung weniger Fehlerbilder einschleichen und somit die Verletzungsgefahr sinkt (Kraemer & Ratamess, 2004, S. 676), jedoch sind die Bewegungen kaum auf den Alltag übertragbar.

Um neue Reize zu setzen und die Probandin aus ihrer Komfortzone herauszuholen wurden zwei freie Übungen in den Plan integriert. Dadurch wird eine Trainingsmonotonie vermieden und sie bekommt neue Motivation fürs Training. Für das Einplanen freier Übung sprechen außerdem weitere Faktoren, insbesondere im Hinblick auf die Zielsetzung der Probandin. Dadurch das gerade bei mehrgelenkigen freien Übungen, wie hier beispielsweise die Ausfallschritte, nicht ein Muskel isoliert trainiert wird, sondern zusätzlich noch mehr Synergisten der Zielmuskulatur arbeiten, werden mehr Muskeln bei einer Übung angesprochen, was letztendlich dazu führt, dass mehr Kalorien verbrannt werden. Auch die Übungsreihenfolge orientiert sich an der Zielsetzung der Probandin, da sie gewählt wurde, dass das Training mit der größten Muskelgruppe startet und somit schon am Anfang vom Training viele Kalorien verbrannt werden (Kraemer & Ratamess, S. 676). Begonnen wird also mit den unteren Extremitäten, gefolgt von den oberen Extremitäten und abschließend werden zwei Übungen für den Rumpfbereich absolviert. Außerdem wurde darauf geachtet, dass die Übungen mit freien Gewichten am Anfang des Trainings durchgeführt werden, da diese komplexer sind und mehr Konzentration fordern (Kraemer & Ratamess, S. 676).

Als erste Übung wurden die Ausfallschritte gewählt. Hierbei handelt es sich um eine freie mehrgelenkige Übung, welche insbesondere den großen Gesäßmuskel und den vierköpfigen Oberschenkelmuskel trainiert. Der zweiköpfige Oberschenkelmuskel arbeitet bei dieser Übung nur als Synergist, weshalb dieser anschließend mit der Übung, liegender Beinbeuger, isoliert trainiert wird.

Aufgrund ihrer Komplexität ist die erste Übung für die oberen Extremitäten das Schrägbankdrücken mit Kurzhanteln. Im Vergleich zum Flachbankdrücken wird hierbei mehr der obere Teil des großen Brustmuskels beansprucht. Zusätzlich werden noch der dreiköpfige Oberarmmuskel, der vordere Sägemuskel und der vordere Anteil des Deltamuskels trainiert. Die Reihenfolge der Übungen für den Oberkörper wurde so gewählt, dass Zug- und Druckbewegungen im Wechsel stattfinden. Begonnen wird, aufgrund der Komplexität der Übung, mit dem Schrägbankdrücken mit Kurzhanteln. Im Vergleich zum Flachbankdrücken wird hierbei mehr der obere Teil des großen Brustmuskels beansprucht. Zusätzlich werden noch der dreiköpfige Oberarmmuskel, der vordere Sägemuskel und der vordere Anteil des Deltamuskels trainiert. Um nun die antagonistischen Muskeln zu beanspruchen folgt der Latzug vertikal zum Nacken. Dieses Gerät trainiert den breiten Rückenmuskel, den aufsteigenden Teil des Kapuzenmuskels, den großen und kleinen Rautenmuskel und den großen Rundmuskel.

Als nächstes folgt die Schulterpresse, bei welcher man alle Teile des Deltamuskels beansprucht. Wie bei allen Druckübungen arbeiten hierbei noch der dreiköpfige Oberarmmuskel und der vordere Sägemuskel als Synergisten. Die sechste Übung ist das Rudern an der Rudermaschine, wobei insbesondere der große Rückenmuskel und der querverlaufende Teil des Trapezmuskels trainiert werden. Außerdem arbeiten auch der hintere Anteil des Deltamuskels und der große und kleine Rautenmuskel mit.

Die letzten zwei Übungen des Trainingsplans beziehen sich auf die Rumpfmuskulatur. Beim Rückenstrecker trainiert man die autochthone Rückenmuskulatur, welche entlang der Wirbelsäule verläuft. Als antagonistische Bewegung der Extension, wird im Wechsel die Flexion der Wirbelsäule, mithilfe der Bauchmuskulatur trainiert. Der gerade Crunch beansprucht die gerade Bauchmuskulatur und den äußeren und inneren schrägem Bauchmuskel.

5 Teilaufgabe 5 – Literaturrecherche

Tab. 8: Literaturrecherche Studie 1

	Effekte maschinengestützten Krafttrainings in der Behandlung chronischen Rückenschmerzes
Wer hat die Studie durchgeführt?	Stephan A. Goebel S. Schmidtbleicher D.
Jahr	2005
Versuchspersonen	• Teilnehmer wurden über Medien geworben • Überwiegend Personen mit Rückenschmerz Chronifizierungsstadium 1 mit moderatem Schmerzniveau • Trainingsgruppe: 58 Teilnehmer • Kontrollgruppe 16 Teilnehmer
Versuchsaufbau	• Multizentrische, prospektive, randomisierte Studie • Dauer: 6 Monate • Trainingsgruppe absolvierte progressives hypertrophieorientiertes Krafttraining an Maschinen mit variablem Widerstand, Ziel: Funktions- und Strukturverbesserung der Muskulatur, insbesondere des Rumpfes • Ersten 3 Trainingseinheiten Einweisung durch qualifiziertes Personal, im 10. Und 20. Training: individuelle Trainingskontrolle
Ergebnisse/ Schlussfolgerungen	• 20 Personen der Trainingsgruppe waren am Ende schmerzfrei (davor hatten 9 mäßige/starke Schmerzen, 11 leichte/sehr leichte Schmerzen) • In der Kontrollgruppe wurden 6 Personen schmerzfrei, von denen zuvor 3 über sehr leichte/mäßige Schmerzen berichteten

Tab. 9: Literaturrecherche Studie 2

	Krafttraining bei chronischen lumbalen Rückenschmerzen. Ergebnisse einer Längsschnittstudie
Wer hat die Studie durchgeführt?	Goebel S. Stephan A. Freiwald J.
Jahr	2005

	Krafttraining bei chronischen lumbalen Rückenschmerzen. Ergebnisse einer Längsschnittstudie
Versuchspersonen	- Chronischer Rückenschmerz seit mind. 6 Monaten oder mehr als zwei akute Lumbalgien/Luboischialgien pro Jahr innerhalb der letzten 2 Jahre mit jeweils mind. einwöchiger Arbeitsunfähigkeit - Medizinische-Kräftigungstherapie-Gruppe (MKT-Gruppe): 69 Personen, Rekrutierung: in 6 MKT-Praxen - Kontrollgruppe ohne systematische Interventionen: 33 Personen, Rekrutierung: in einem betriebsärztlichem Zentrum und 4 orthopädischen Praxen

Versuchsaufbau	- Evaluation durch Datenerhebung vor MKT (T_0), nach der MKT (T_1) und als follow up nach weiteren 12 Monaten (T_2)
	- Kontrollgruppe füllte nur Fragebögen zu T_0 und T_2 aus
	- MKT-Patienten absolvierten durchschnittlich 12 Behandlungseinheiten
	- Patientenfragebogen enthielten Items zu den folgenden Bereichen:
	    ○ Subjektive Gesundheit
	    ○ Funktionskapazität Rücken
	    ○ Einschätzung Rückenschmerz
	    ○ Einschätzung Arbeitsfähigkeit
	    ○ Angaben Krankheitskosten

Ergebnisse/ Schlussfolgerungen	- Subjektive Gesundheit
	    ○ MKT-Gruppe: im Vergleich zum letzten Jahr fühlten sich 20% zu T2 gesundheitlich viel besser, 33% etwas besser, 37% etwa gleich, 9% fühlten sich schlechter
	    ○ Kontrollgruppe bei 55% blieb Gesundheitszustand etwa gleich, verbesserte sich bei 21%, verschlechterte sich bei 24%
	- Funktionskapazität Rücken
	    ○ MKT-Gruppe: Verbessrung zu T_2 auf 79,6 ± 15,1 %
	    ○ Kontrollgruppe: keine signifikante Veränderung zu T_2 72,1 ± 21,3%
	- Einschätzung Rückenschmerz
	    ○ MKT-Gruppe
	        ▪ Häufigkeit Rückenschmerztage: Reduzierung auf 13,1 ± 10,5

	Krafttraining bei chronischen lumbalen Rückenschmerzen. Ergebnisse einer Längsschnittstudie
Ergebnisse/ Schlussfolgerungen	<ul><li>Behinderung bei Ausübung gewohnter Tätigkeiten durch Rückenschmerzen: Reduzierung auf 1,6 ± 3,5 Tage</li><li>Ausstrahlung des Rückenschmerz ins Bein konnte signifikant verringert werden</li></ul><ul><li>Kontrollgruppe<ul><li>Keine signifikante Reduktion der Schmerztage bzw. Tage mit Einschränkungen der gewohnten Tätigkeiten</li></ul></li><li>Anzahl der Personen, die unter häufigen/andauernden Rückenschmerzen leidet, halbierte sich in beiden Gruppen</li></ul><ul><li>Arbeitsunfähige Tage<ul><li>Keine signifikanten Unterschiede zwischen MKT-Gruppe und Kontrollgruppe</li></ul></li><li>Arztbesuche<ul><li>Keine signifikanten Unterschiede zwischen MKT-Gruppe und Kontrollgruppe</li></ul></li><li>Medikation<ul><li>Heilmittelverordnungen: kein signifikanter Unterschied zwischen MKT-Gruppe und Kontrollgruppe</li><li>Inanspruchnahme Krankengymnastik/Massage:<ul><li>MKT-Gruppe: Inanspruchnahme bei 30,4%</li><li>Kontrollgruppe: Inanspruchnahme bei 54,4%</li></ul></li></ul></li></ul>Fazit: es erscheint lohnenswert MKT in den Fokus wissenschaftlich fundierter Untersuchungen zu stellen

6 Literaturverzeichnis

Da Mota, G. R., Orsatti, F. L., da Costa, T. N. F. & Marôcolo Júnior, M. (2010). Strength training and weight loss. *Journal of the Health Science Institute, 28* (4), 337-340.

Goebel, S., Stephan, A. & Freiwald J. (2005). Krafttraining bei chronischen lumbalen Rückenschmerzen. Ergebnisse einer Längsschnittstudie. *Deutsche Zeitschrift für Sportmedizin, 56* (11), 388-392.

Güllich, A. & Schmidtbleicher, D. (1999). Struktur der Kraftfähigkeiten und ihrer Trainingsmethoden. *Deutsche Zeitschrift für Sportmedizin, 50* (7+8), 223-234.

Kraemer, W. J. & Ratamess, N. A. (2004). Fundamentals of Resistance Training: Progression and Exercise Prescription. *Medicine & Science in Sports & Exercise, 36* (4), 674-688.

Mancia, G., Fagard, R., Narkiewicz, K., Redon, J., Zanchetti, A., Böhm, M. et al. (2013). 2013 ESH/ESC Guidelines for the management of arterial hypertension. The Task Force for the management of aterial hypertension of the European Society of Hypertension (ESH) and of the European Society of Cardiology (ESC). *European Heart Journal, 34*, 2159-2219.

Stephan, A., Goebel, S. & Schmidtbleicher, D. (2011). Effekte maschinengestützten Krafttrainings in der Behandlung chronischen Rückenschmerzes. *Deutsche Zeitschrift für Sportmedizin, 62* (3), 69-74.

Strack, A. & Eifler, C. (2005). The individual lifting performance method (ILP). A practical method for fitness- and recreational strength training. In J. Gießing, M. Fröhlich & P. Preuss (Hrsg.), *Current results of strength training research* (S. 153-163). Göttingen: Cuvillier.

World Health Organization. (Hrsg.) (2000). *Obesity: Preventing and Managing the Global Epidemic – Report of a WHO Consulation.* Geneva: Hrsg.

7 Tabellenverzeichnis

Tab. 1: Allgemeine und biometrische Daten 3
Tab. 2: BMI Klassifikationen (modifiziert nach World Health Organization, 2000, S.9) 3
Tab. 3: Blutdruckklassifikation der American Heart Association (modifiziert nach Mancia et al., 2013, S. 1286) 4
Tab. 4: Krafttestung nach der X-RM Methode 4
Tab. 5: Zielsetzung 6
Tab. 6: Makrozyklusplanung 6
Tab. 7: Mesozyklus 2 8
Tab. 8: Literaturrecherche Studie 1 11
Tab. 9: Literaturrecherche Studie 2 11

BEI GRIN MACHT SICH IHR WISSEN BEZAHLT

- Wir veröffentlichen Ihre Hausarbeit, Bachelor- und Masterarbeit

- Ihr eigenes eBook und Buch - weltweit in allen wichtigen Shops

- Verdienen Sie an jedem Verkauf

Jetzt bei www.GRIN.com hochladen und kostenlos publizieren